MOTS MÊLÉS

Pour Enfants

110 GRILLES
3 NIVEAUX DE DIFFICULTÉ

VOLUME 1

Sommaire

Niveau Facile - Les règles

Trouves et rayes les mots en bas de la grille qui peuvent être posionnés selon les 2 directions suivantes:

De haut en Bas

De gauche à droite

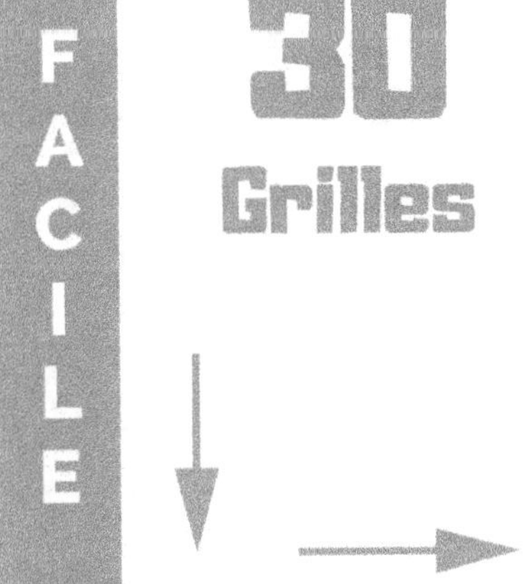

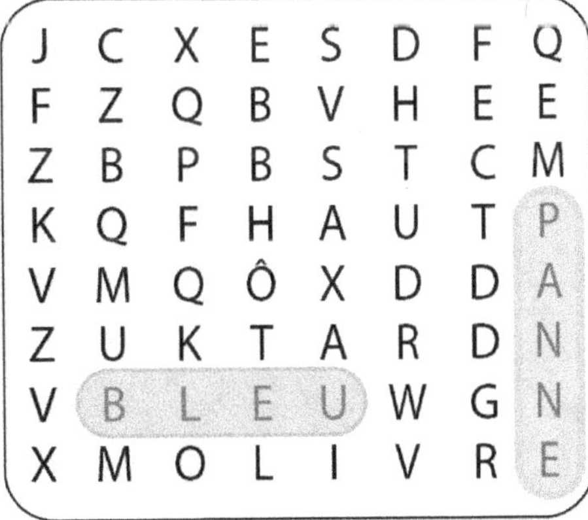

CIL   ÉLÈVE   JOUR

PIED   PUNIR   SUCER

BIJOU
PURÉE

GELER
ROUTE

PLUME
TAPIS

ÂNE
TALON

JOUER
TAUPE

PEU
VIDER

CIEL   COQ   ÎLE
MOTO   ONGLE   VIVRE

CHEZ   COUDE   FERME
LACET   VAGUE   WAGON

AU

MUR

HEURE

NU

MIEUX

RÊVER

ÉTÉ   FILET   LIGNE
NUIT   PRÉAU   TABLE

DU   FAUTE   FILM

GELÉ   NÉ   RAYON

ARRÊT	CAHIER	CUBE
MOT	RATER	VIN

HERBE
MONDE

LAC
PARC

LOURD
RAT

BAS
SEPT

OIE
TAPER

PERLE
TEMPS

AIDER

LIVRE

CLOU

NID

GUÊPE

USÉ

<pre>
C A D R E Q P K
L À V I D E B I
É G I Z J X O N
L D L M I I D S
U A L D Y X B B
V I E Y C D X S
S A K R I F L D
H J U F W O Y J
</pre>

CADRE   CLÉ   LÀ
RIZ   VIDE   VILLE

ALBUM
MUET

FUMER
TENTE

GUÉRI
UTILE

BEC
LUTIN

FRONT
PONT

HÔTEL
VOIX

P	A	K	H	N	P	G	P
T	R	Z	O	Q	O	W	S
X	V	K	F	M	I	X	P
X	C	C	O	J	N	Q	F
H	F	R	U	I	T	H	O
F	R	O	I	D	Q	V	D
P	O	I	N	G	G	C	F
Q	W	X	W	X	Q	U	V

CROIX
FRUIT

FOU
POING

FROID
POINT

MÉTAL **NEZ** **OUTIL**

PIN **POMME** **SUR**

BOULE
NEIGE

DÎNER
SOL

JAUNE
VOLET

ARBRE   BLEU   CHER

FAIM   HABIT   LENT

AN   BUS   NAGER

PANNE   POSTE   TERRE

BOSSE **ENBAS** **GROS**
OGRE **TUBE** **VENIR**

CALME   DÉ   LUNDI
PAS   POULE   TORDU

BÊTES
RAMER

DROIT
SCIE

MIXER
TITRE

AMI
FUMÉE

BRAS
LINGE

CHAUD
MÛR

BARRE

HIVER

KIWI

LION

ROI

TRAIN

BOUÉE
JOIE

DE
OBJET

DÉÇU
ROSÉ

BÉBÉS   OS   PAGE

PLUS   SABLE   TAS

FRITE
PLACE

HUILE
POSER

MÈTRE
TIGE

H	A	U	T	O	I	V	F
Q	D	L	Z	K	D	U	P
A	W	R	P	Q	T	A	T
X	X	D	B	A	R	B	E
B	J	P	Â	T	E	S	Q
P	R	Ê	T	X	N	K	T
Q	W	M	O	I	N	S	Q
S	G	A	N	T	A	Y	U

BARBE
MOINS

BÂTON
PÂTES

GANT
PRÊT

FILLE **FLEUR** **MIE**
ROUE **SALLE** **VITRE**

Niveau Moyen - Les règles

Trouves et rayes les mots en bas de la grille qui peuvent être posionnés selon les 4 directions suivantes:

De haut en Bas

Les diagonales

De gauche à droite

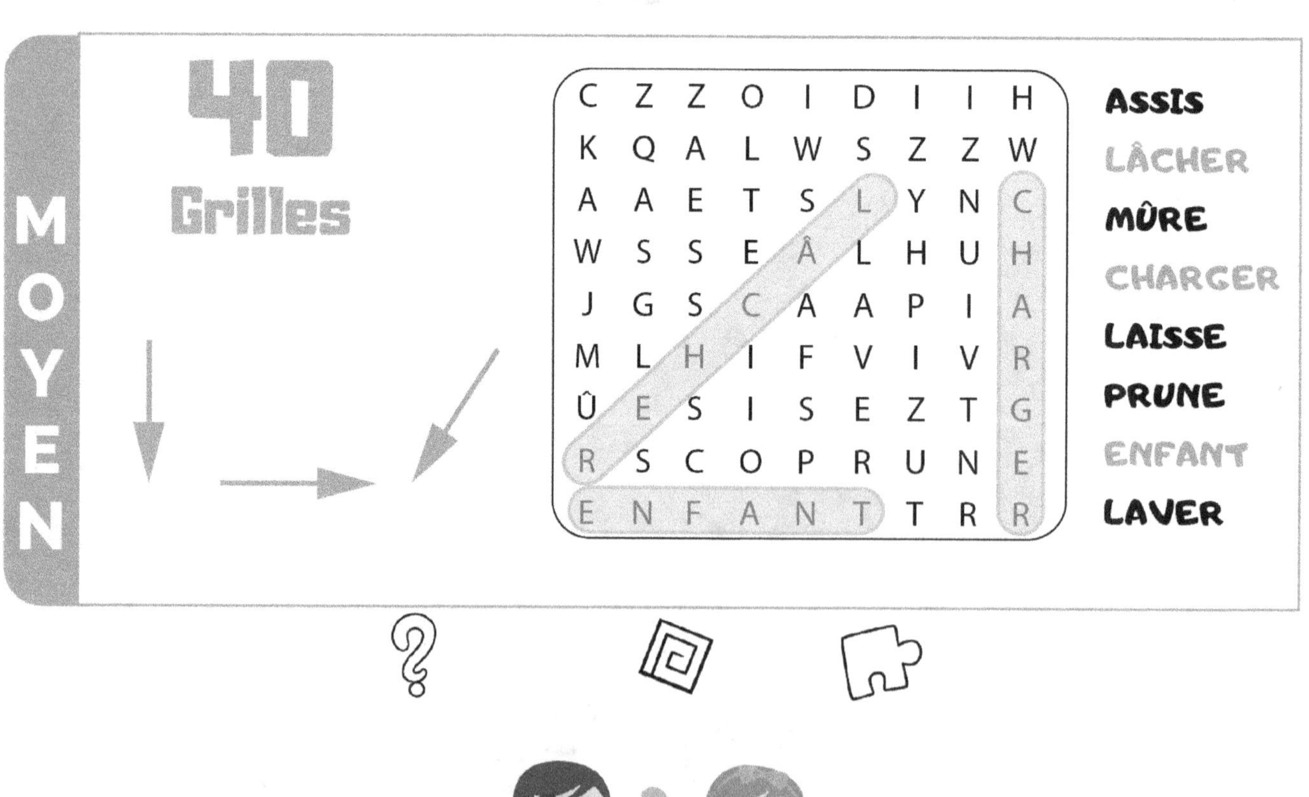

N	M	R	A	A	P	I	W	O
M	U	O	X	Z	H	H	X	Y
A	C	A	M	P	E	R	A	O
R	O	Y	E	D	G	Y	D	S
Y	C	H	A	M	L	S	P	O
P	O	U	V	O	I	R	C	L
U	T	I	P	N	U	N	H	I
R	T	T	G	W	H	R	C	D
L	E	E	T	T	B	P	T	E

CAMPER **COCOTTE** **HUIT**
MINCE **POUVOIR** **SINGE**
SOLIDE **YAOURT**

CHIFFON **CYGNE** **FACILE**
GRIS **LANCER** **MACHINE**
OMBRE **PEIGNE**

BAVER   CINQ   DOUCHE
EFFACER   FIL   FROID
HANCHE   OISEAU

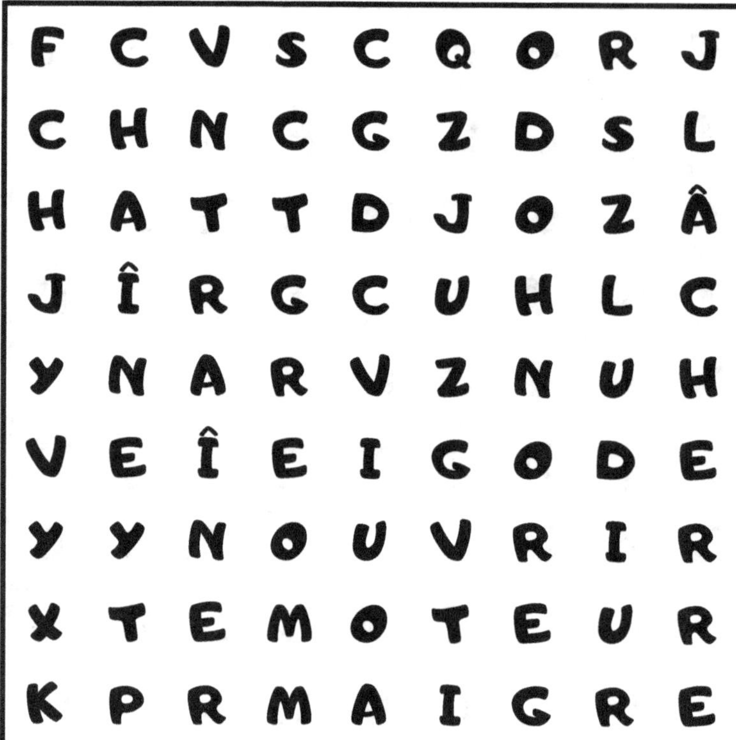

ARRIVER   **CHAÎNE**   **LÂCHER**

MAIGRE   **MOTEUR**   **OUVRIR**

SOUVENT   **TRAÎNER**

BALAI
DRAPEAU
POINTU

BONDIR
GÉANT
RÂPE

CAVE
PINCEAU

AIR
PAIX
PRUDENT

GOUTTES
PESER
TIRER

LAINE
PNEU

ADROIT	BOUE	GARAGE
GRAIN	MINE	OUVRIER
PLATEAU	POTAGE	

CHAMP   DÉPART   DÎNETTE

LECTURE   LÉZARD   MARDI

SAVON   SIÈGE

APPELER
FICELLE
POUCE

BAGUE
JETER
TIMBRE

BÉBÉ
LAVER

CAMION   **CARTON**   **CRAPAUD**
ÉTALER   **GARE**   **GOURDE**
JEUNE   **SKI**

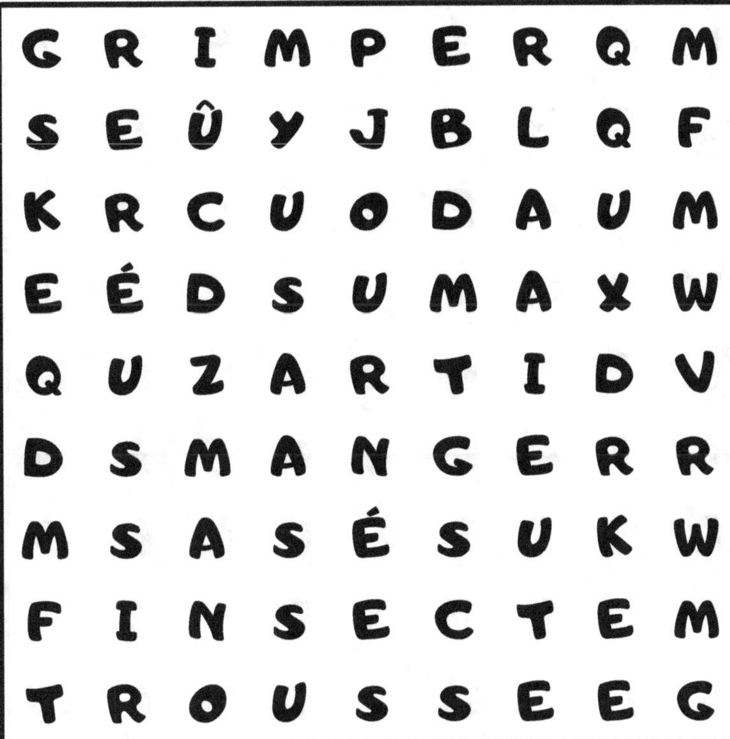

DANS GRIMPER INSECTE
JOURNÉE MANGER MÛRE
RÉUSSIR TROUSSE

B	C	A	I	S	S	E	L	M
S	G	H	T	A	N	Z	B	S
Y	Q	N	È	O	G	L	M	T
V	B	G	X	V	I	O	A	Z
E	R	C	U	Q	R	T	M	R
N	Z	H	U	D	A	E	A	W
D	T	I	R	F	F	K	N	O
R	D	E	A	N	E	T	I	J
E	F	E	Y	Z	G	W	P	B

CAISSE **CHÈVRE** **GIRAFE**
LIQUIDE **MAMAN** **MORDRE**
TOIT **VENDRE**

CHANTER   **CROCHET**   **DIRE**
FILET   **GOUTTE**   **HIER**
NEUF   **PARFUM**

BLANC   **ÉGLISE**   **JONGLER**
NAPPE   **PRUNE**   **SAGE**
TUYAU   **VIEUX**

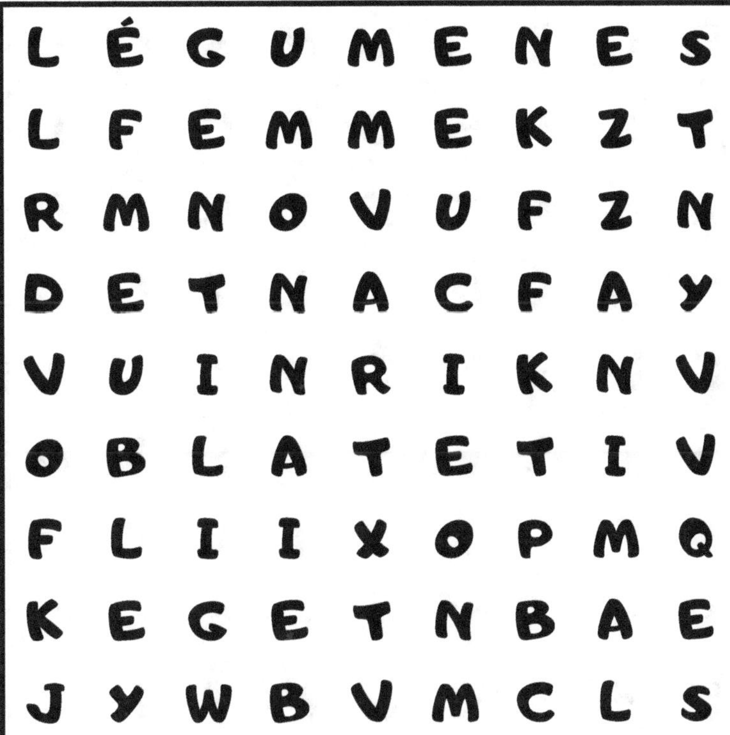

ANIMAL
GENTIL
MONNAIE

CRAIE
LÉGUME
REPAS

FEMME
MEUBLE

COURIR
MAÎTRE
REGARD

DOIGTS
MILIEU
VERRE

FERMIER
PERSIL

ANORAK
ÉPINGLE
PRÉNOM

CUISSE
FENÊTRE
REMUER

EFFORT
MICRO

ARMOIRE **BILLE** **CISEAUX**
CUIT **MARI** **RÂTEAU**
SAC **SOIR**

BOTTES DEBOUT ENCORE
GAGNER LAISSE PLAFOND
SERPENT THÉ

BARRER   **CHANGER**   **JOUE**
NUMÉRO   **PAILLE**   **PEAU**
PELLE   **SANG**

CANARD   CLAIR   DAME
PHOQUE   QUAI   REVOIR
VESTE   VIANDE

O	P	H	N	E	R	B	F	B
A	G	S	Z	A	K	A	S	O
V	J	T	Q	H	A	B	G	K
I	E	E	D	R	P	W	W	Z
L	M	S	E	E	U	Â	P	L
L	V	I	H	Q	G	B	L	M
A	M	P	O	U	L	E	A	E
G	C	N	R	I	B	R	G	N
E	E	S	S	N	E	M	E	M

AMPOULE
PÂLE
RUBAN

DEHORS
PLAGE
VILLAGE

MARE
REQUIN

BARQUE   GOÛT   LOUPE
PIEDS   PROFOND   REMPLIR
RESTER   ROBE

<pre>
S N W J C R R P B
E U W W P A A H N
C A E S D M I E L
O G W F X P F È R
U E O S F E V Z I
E U M I J R U L J
R X N A E H A H L
M I A S N I P Y M
R Q Z F L E G D É
</pre>

AIL
FOUR
RAMPER

EFFRAYÉ
LÈVRES
SECOUER

FINIR
NUAGEUX

BÊTE	**CHAPEAU**	**CLOCHE**
LÉCHER	**PLI**	**SEC**
SEUL	**TABLIER**	

AIMER   **DOS**   **LOINDE**
NUAGE   **PATTE**   **PLEURER**
POUSSER   **SALADE**

BORD	**CAGE**	**DOUX**
GROUPÉ	**MARCHER**	**POSTER**
SIFFLER	**SORTIR**	

BULLES   GRIMACE   LUGE
MOULE   PARASOL   PLAIRE
POT   SAPIN

AUTOUR   COUSINE   ÉCRIRE
GRIFFE   RÉCITER   TÔT
TOUCHER   VOITURE

BÛCHE   COUETTE   GAUCHE
GROTTE   SEAU   SENTIR
SQUARE   TENIR

ALLER   BOUCHE   FESSE
GUÉRIR   MALADE   OIGNON
PORTER   TRAIRE

R	A	X	G	E	T	R	A	M
Y	G	F	V	C	I	V	C	B
N	B	M	E	A	C	V	L	Q
N	A	P	N	Z	K	Q	U	Q
P	L	Â	T	R	E	A	G	H
H	L	W	E	H	T	V	V	B
M	O	N	R	É	V	E	I	L
B	N	F	G	O	U	C	T	A
W	I	C	O	M	P	T	E	R

AVEC
PLÂTRE
VENTER

BALLON
RÉVEIL
VITE

COMPTER
TICKET

<table>
<tr><td>X</td><td>S</td><td>V</td><td>A</td><td>Q</td><td>B</td><td>Y</td><td>T</td><td>K</td></tr>
<tr><td>C</td><td>P</td><td>D</td><td>G</td><td>Î</td><td>E</td><td>A</td><td>B</td><td>I</td></tr>
<tr><td>A</td><td>O</td><td>P</td><td>R</td><td>I</td><td>N</td><td>C</td><td>E</td><td>G</td></tr>
<tr><td>S</td><td>Ê</td><td>P</td><td>A</td><td>J</td><td>M</td><td>É</td><td>R</td><td>M</td></tr>
<tr><td>Q</td><td>L</td><td>B</td><td>I</td><td>E</td><td>L</td><td>P</td><td>C</td><td>Q</td></tr>
<tr><td>C</td><td>E</td><td>K</td><td>N</td><td>E</td><td>P</td><td>M</td><td>E</td><td>U</td></tr>
<tr><td>M</td><td>F</td><td>T</td><td>E</td><td>F</td><td>R</td><td>R</td><td>R</td><td>D</td></tr>
<tr><td>D</td><td>O</td><td>U</td><td>C</td><td>H</td><td>E</td><td>R</td><td>F</td><td>Q</td></tr>
<tr><td>N</td><td>N</td><td>D</td><td>F</td><td>M</td><td>W</td><td>K</td><td>S</td><td>H</td></tr>
</table>

AÎNÉ	BERCER	COPIER
DOUCHER	GRAINE	MENTON
POÊLE	PRINCE	

ABEILLE
BISOU
PÂTE

ALIMENT
MOITIÉ
UNIVERS

BEURRE
PANIER

É	B	A	I	S	E	R	S	S
C	Z	W	F	A	E	E	C	D
O	S	A	T	R	I	C	O	T
U	Y	M	E	D	E	M	E	S
T	N	J	J	I	N	I	M	K
E	H	O	Z	N	F	W	N	E
R	A	M	P	E	A	Z	W	Z
E	W	B	B	R	C	G	I	U
Q	C	A	R	N	E	T	A	F

BAISER	CARNET	ÉCOUTER
ENFACE	FREIN	RAMPE
SARDINE	TRICOT	

BUREAU	**CASSER**	**JEUDI**
PLANCHE	**PRÈSDE**	**SOMMET**
SUIVRE	**TABLEAU**	

ARC   **CASQUE**   **FEUTRE**
GOBELET   **RAISIN**   **RUGUEUX**
SENS   **SUIVANT**

BRUIT **DUR** **RIRE** **CONTE** **MONTRE** **SOLDAT** **DINDON** **PART**

AVANT   BOTTE   ÉTROIT
FLOCON   FUSÉE   LISTE
POINTE   SALUER

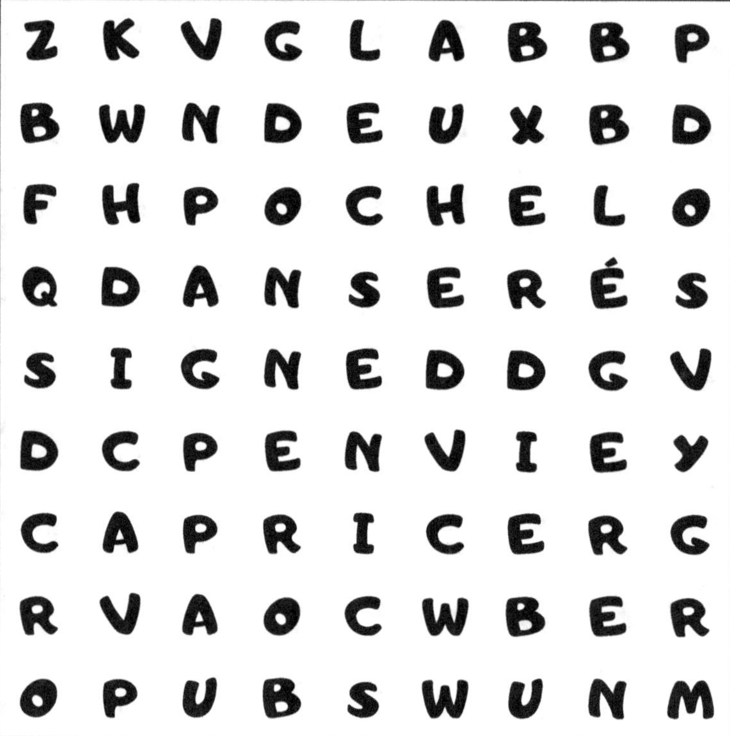

CAPRICE   **DANSER**   **DEUX**

DONNER   **ENVIE**   **LÉGER**

POCHE   **SIGNE**

Niveau Difficile - Les règles

Trouves et rayes les mots en bas de la grille qui peuvent être posionnés selon les 8 directions suivantes:

De haut en Bas
Bas en haut

Les diagonales et
diagonales inversées

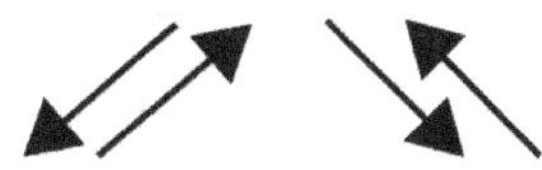

De gauche à droite
et de droite à gauche

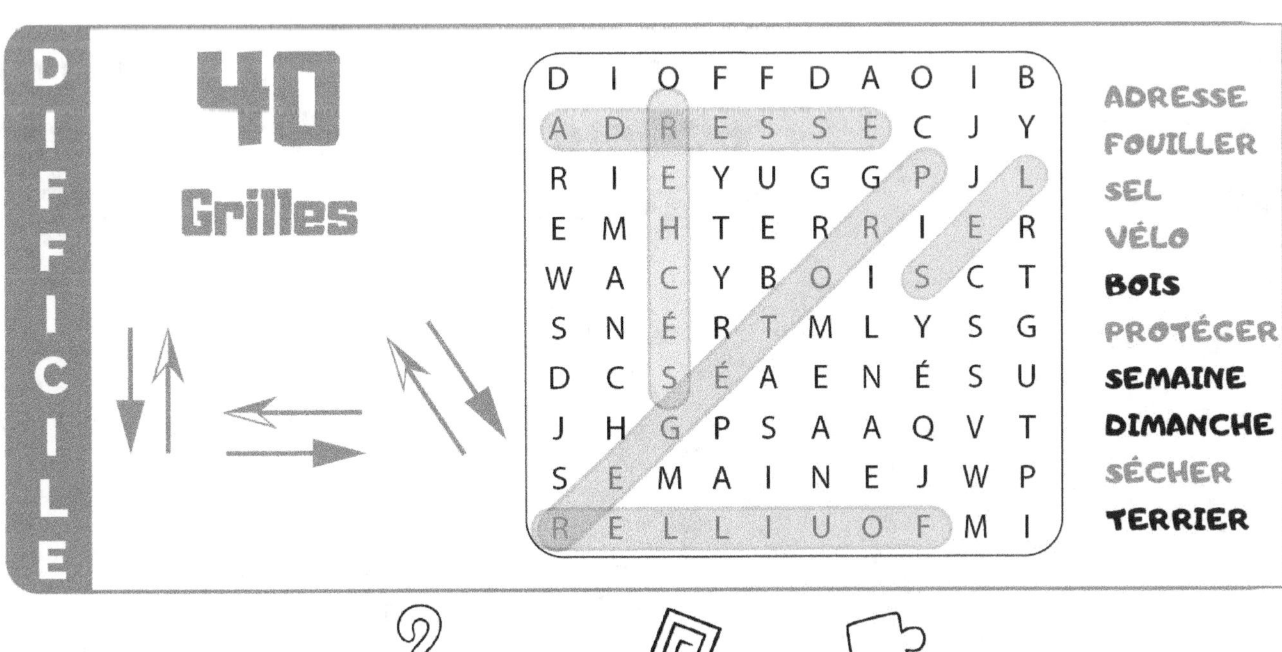

G	S	H	U	P	Y	G	F	E	K
M	X	I	T	J	M	X	U	V	T
P	R	W	T	P	M	C	Œ	U	R
D	P	U	Q	S	É	E	U	G	Z
N	E	A	P	D	Z	A	P	Z	M
T	V	E	É	V	E	N	T	R	E
F	C	B	W	C	C	V	E	R	T
A	N	R	R	U	O	F	O	E	K
N	I	O	G	R	A	N	D	I	R
E	M	C	Q	C	O	L	L	E	R

CÉDÉ

CORBEAU

GRANDIR

VERT

CŒUR

DEVOIR

MORCEAU

COLLER

FOUR

VENTRE

CARTABLE   ÉTANG   GARDER
INSTABLE   JAMBON   MOUCHOIR
NOIX   SIX   SOIF
SURPRISE

ANGLE
ENCEINTE
MESURER
ZÈBRE

CÉDÉROM
FERMER
RECETTE

ÉCHASSE
GARÇON
VOISIN

BARREAU
CRACHER
PEINTURE
VISAGE

BEAU
FIGURE
TROUER

CERCEAU
FOIRE
VERS

BANC
INTRUS
PÉDALE
PRÊTER

CADENAS
JAMAIS
PENSER

COUVER
PARTAGER
PILOTE

BIENTÔT
DEDANS
MANTEAU
TRAVAIL

CONTENT
IMAGE
PATIENT

CUILLÈRE
LAMPE
RENTRÉE

ADULTE
CAROTTE
PORT
TOUR

AÉROPORT
GUETTER
ROULER

ATTENDRE
PION
SENTIR

<pre>
I R O N O H C H R G
T E S C F L A E B C
F T E W A I T V B H
F I C D U U F Ê R Y
W B N B A E R T I L
I A A S D R O E L U
P H C N Y U M M L R
J U A W F C A E E I
X B V L J É G N R B
Q P P K C K E T S J
</pre>

BANDE **BRILLER** **ÉCUREUIL**
FROMAGE **HABITER** **LITRE**
PANDA **SAUTER** **VACANCES**
VÊTEMENT

CRAVATE
PRESSER
SÉPARER
TERRIBLE

LACER
RIDEAU
SERVIR

POMPIER
SÉCHER
SIFFLER

BALCON   DESSERT   GENOU

JARDINER   LESSIVE   NETTOYER

OBÉIR   PAPIER   TOBOGGAN

TRÉSOR

ASSEZ   BASSINE   BOIS
CHAMBRE   COUDRE   DANGER
RAQUETTE   REMETTRE   SOMBRE
TAMBOUR

<pre>
W R R E L F N O G I
B L L N O Y J R S C
E I E M K J F E E J
P U B A V R E I I R
T A Q C A L I L R E
S E S I A H C L I T
J G S É T B K E A A
I E R O Z U A R R R
N É N H C U O N P D
C C O K P Y D B E L
</pre>

AILE	BOUTIQUE	CABANE
CÉRÉALE	CHAISES	FRAISE
GONFLER	OREILLER	PRAIRIE
RETARD		

<pre>
K C F R È R E U W U
U Q J E M Ê M F L C
P C A S S E T T E W
W C W U P F B J K U
D L K E M O Q T N G
K G T R U F U U T U
R Ê C C T B U P B K
F A H A É T Ô C É J
E E F D Q R R W L E
R E T N O C A R B K
</pre>

BOUCHER
CREUSER
FRÈRE
RACONTER

CASSETTE
DÉBUT
MÊME

CÔTÉ
FÊTE
POUPÉE

BARBOTER
CASSÉ
EMPÊCHER
PASSAGE

CARESSER
DANSER
LOUCHE

CASIER
ÉCHARPE
ŒIL

ÉNERVÉ
MAUVAIS
QUATRE
VOULOIR

HAMSTER
MONTER
SŒUR

LUNETTES
PAYS
SOUFFRIR

N	C	J	V	K	D	V	P	V	W
U	U	F	B	P	S	L	D	M	H
H	A	B	I	O	Z	I	T	G	X
Ô	C	O	L	L	I	E	R	O	J
P	A	I	N	I	D	C	T	U	I
I	M	R	E	R	A	P	É	R	E
T	P	E	N	D	U	L	E	M	A
A	X	E	Q	X	T	S	R	A	J
L	É	G	U	M	E	Y	I	N	N
K	W	H	V	X	Y	P	L	D	V

BOIRE
HÔPITAL
PAIN
RÉPARER

COLLIER
LÉGUME
PENDULE

GOURMAND
LIRE
POLI

ACROBATE	ARROSER	CUVETTE
FEUILLE	GENS	JARDIN
MOULIN	ŒUF	PÊCHE
SOULEVER		

CARESSE   CHERCHER   CREVETTE
DÉCOUPER   GALOPER   GÂTEAU
RECOUDRE   RIVIÈRE   TAILLE
TASSE

I	J	P	F	E	M	S	D	B	P
Z	B	N	T	U	B	Q	S	V	R
E	F	E	B	L	A	K	N	E	E
Q	É	S	A	I	S	O	N	N	S
D	T	C	C	W	D	E	A	I	Q
R	U	C	L	R	M	X	Î	Z	U
V	D	A	A	A	T	M	T	A	E
O	I	P	H	K	I	N	R	G	D
V	E	N	O	C	E	R	E	A	D
N	R	X	G	V	V	W	K	M	G

AMENER
ÉTUDIER
PARDON
VENT

CHAUD
MAGAZINE
PRESQUE

ÉCLAIR
NAÎTRE
SAISON

AVALER COIFFEUR ÉCHANGER
ENTERRER ÉTUDE MANQUER
MARIN NŒUD SEMELLE
TREMPER

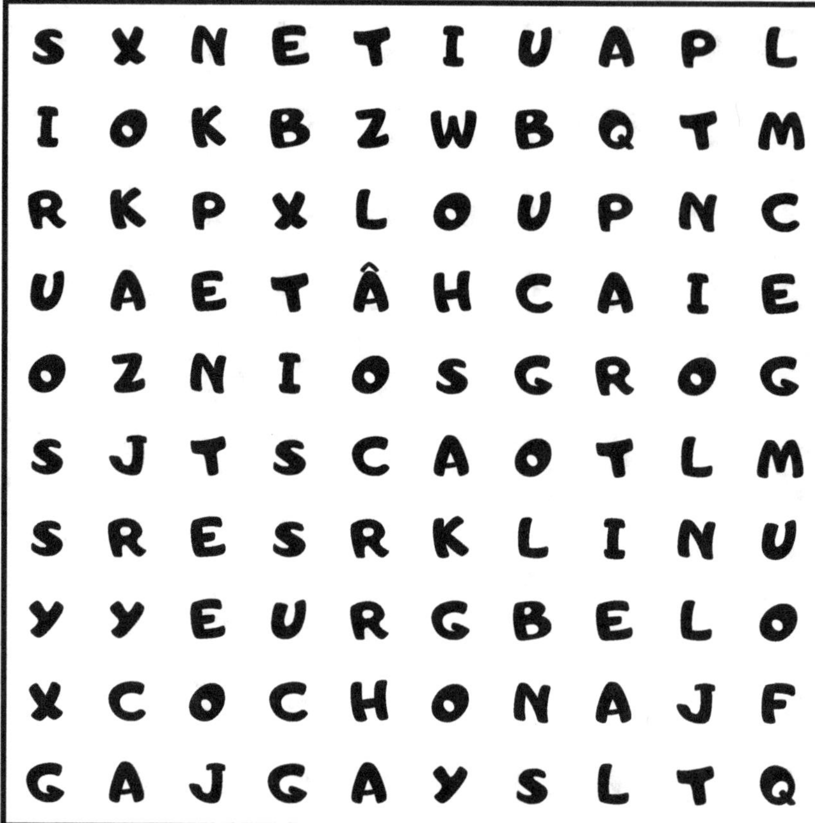

S	X	N	E	T	I	U	A	P	L
I	O	K	B	Z	W	B	Q	T	M
R	K	P	X	L	O	U	P	N	C
U	A	E	T	Â	H	C	A	I	E
O	Z	N	I	O	S	G	R	O	G
S	J	T	S	C	A	O	T	L	M
S	R	E	S	R	K	L	I	N	U
Y	Y	E	U	R	G	B	E	L	O
X	C	O	C	H	O	N	A	J	F
G	A	J	G	A	Y	S	L	T	Q

CHÂTEAU   **COCHON**   **GRUE**
LOIN   **LOUP**   **OURAGAN**
PARTIE   **PENTE**   **SOURIS**
TISSU

CAILLOU
FOURMI
RASOIR
TOILETTE

CIRQUE
ODEUR
SIESTE

ENVOYER
OURS
TIROIR

CHEVILLE

ENTRÉE

PRÉPARER

TRICHER

DERRIÈRE

LIT

REVENIR

DÉTRUIRE

MÛRE

TÊTE

F	Y	E	Q	P	T	T	S	K	F
I	G	Y	E	W	Y	E	E	N	J
C	C	T	T	J	A	L	O	U	X
T	N	A	T	U	A	L	T	X	I
P	E	R	E	F	F	I	R	G	D
V	I	U	R	T	Z	U	O	O	T
P	D	Y	R	G	Y	Q	U	M	Q
J	R	F	A	M	S	O	S	M	A
S	A	A	B	E	L	C	S	E	L
F	G	I	M	A	N	G	E	R	S

AUTANT	BARRETTE	COQUILLE
DIX	GARDIEN	GOMME
GRIFFER	JALOUX	MANGER
TROUSSE		

V	N	E	N	G	A	T	N	O	M
A	Z	L	Y	C	E	R	I	S	E
K	V	L	A	U	L	E	U	R	D
S	E	I	G	L	Z	R	Q	Z	I
V	R	E	E	O	Z	A	O	D	P
F	V	R	E	T	U	P	C	T	A
F	È	O	A	T	P	M	V	L	R
A	I	G	L	E	P	O	K	C	E
N	F	Y	T	W	U	C	S	I	I
B	T	Y	Q	Y	H	T	B	Y	E

AIGLE   CERISE   COMPARER

COQUIN   CULOTTE   FIÈVRE

MONTAGNE   OREILLE   PUZZLE

RAPIDE

ALLUMER
CHAT
SERRURE
TREMBLER

BOISSON
IMMOBILE
SILENCE

BOUQUET
RONGER
TRANCHE

CHAUFFER
ENSEMBLE
POSER
USINE

DERNIER
ESSUYER
REFUSER

ENLEVER
ÉTERNUER
SEMAINE

AUTO   CONTRE   DÉMARRER

DRAP   FARCE   FOND

HUMEUR   MARCHER   RECULER

SÉRIEUX

ASSIETTE
DÉBORDER
RECEVOIR
TORCHON

BISCUIT
LUNE
RÉPONDRE

CITRON
MAILLOT
SOURCIL

ABRICOT
BROUETTE
CHOUETTE
PLEUVOIR

BASSIN
CABINET
CURIEUX

BOURGEON
CÂLINER
MUGUET

M	U	B	C	Z	T	J	Q	P	M
O	J	R	I	O	T	T	O	R	T
I	A	C	A	A	U	U	F	T	O
Z	P	T	H	Y	B	R	R	U	M
D	P	M	F	E	U	O	T	Y	U
X	A	F	L	F	N	R	M	D	S
G	R	L	È	D	V	I	E	B	I
E	E	H	C	J	K	C	L	A	Q
K	I	E	H	Z	M	T	D	L	U
D	L	J	E	N	A	V	I	R	E

APPAREIL	CHENILLE	COURT
FLÈCHE	MUSIQUE	NAVIRE
POUBELLE	RAYURE	ROND
TROTTOIR		

<pre>
Q M V C U Z T X W Z
B W E O E R R J L V
A Z R Q D E I L K L
L T X U N V C X H X
E S W E O U Y K X M
I U M T L O C O J H
N M T A B R L E C K
E S G R L T E L J V
Y É M M O S N O C K
T K I K F T Q D L I
</pre>

BALEINE	**BLOND**	**CONSOMMÉ**
COQUET	**EMMENER**	**MAL**
TORTUE	**TRICYCLE**	**TROU**
TROUVER		

V	G	D	E	R	È	G	A	T	É
P	É	R	E	C	N	O	F	N	E
A	A	L	O	Z	P	Z	O	O	J
T	F	R	É	L	K	R	Y	Y	V
A	O	U	L	P	M	W	T	A	L
U	C	M	U	E	H	T	J	U	S
G	P	B	D	S	R	A	O	Y	V
E	W	E	M	M	O	H	N	O	B
R	E	H	F	B	C	N	A	T	M
L	F	R	L	K	X	S	F	E	A

BONHOMME

ENFONCER

JUS

PATAUGER

CHOU

ÉNORME

NOYAU

ÉLÉPHANT

ÉTAGÈRE

PARLER

AGACER

DÉGUISER

MUSCLE

TRAÎNEAU

ARAIGNÉE

DÉRANGER

POIREAU

CHANSON

LAVABO

TOUSSER

CÂLIN
DÉTESTER
ESCABEAU
PRISES

CHASSER
ÉCLATER
IDÉE

CHOCOLAT
ENFERMER
MINUTE

CINÉMA	COUTEAU	DÉFILER
EAU	ENGIN	ÉPÉE
NOIR	PAPILLON	SOLE
TOUJOURS		

O	H	O	R	L	O	G	E	T	N
B	M	T	E	R	M	I	N	E	R
D	E	N	T	I	S	T	E	M	E
E	E	Y	R	E	W	Z	R	P	S
D	É	C	O	L	L	E	R	Ê	S
E	P	R	P	Y	B	C	L	T	A
N	O	L	P	Z	Q	V	D	E	P
R	N	I	A	U	M	J	V	S	É
V	G	N	I	K	R	A	P	F	D
R	E	L	F	F	U	O	S	P	E

APPORTER
DÉPASSER
PARKING
TERMINER

DÉCOLLER
ÉPONGE
SOUFFLER

DENTISTE
HORLOGE
TEMPÊTE

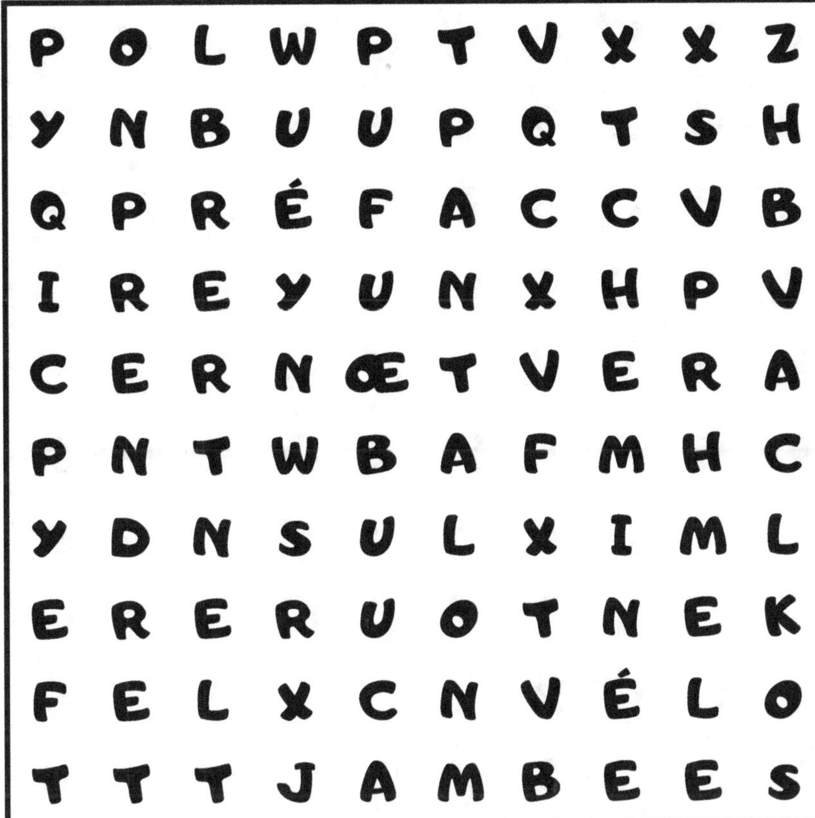

BŒUF
ENTOURER
PANTALON
VER

CAFÉ
ENTRER
PRENDRE

CHEMINÉE
JAMBE
VÉLO

BAGARRE   CANIVEAU   GRONDER

PIQÛRE   QUARTIER   SAMEDI

SANTÉ   SOUPLE   VOLER

YEUX

<pre>
A B A P W F V Q L D
F W A C H E T E R O
X N U X L R E R E M
S W K L H E N E N O
P X O N U L D C U N
T C F G R A I N E S
X C R P L D V E J I
B W I A E É E S É E
I Q G Y R P F S D U
D C O L L I N E S R
</pre>

ACHETER	COLLE	COLLINE
DÉJEUNER	ENDIVE	ESSENCE
GRAINES	HURLER	MONSIEUR
PÉDALER		

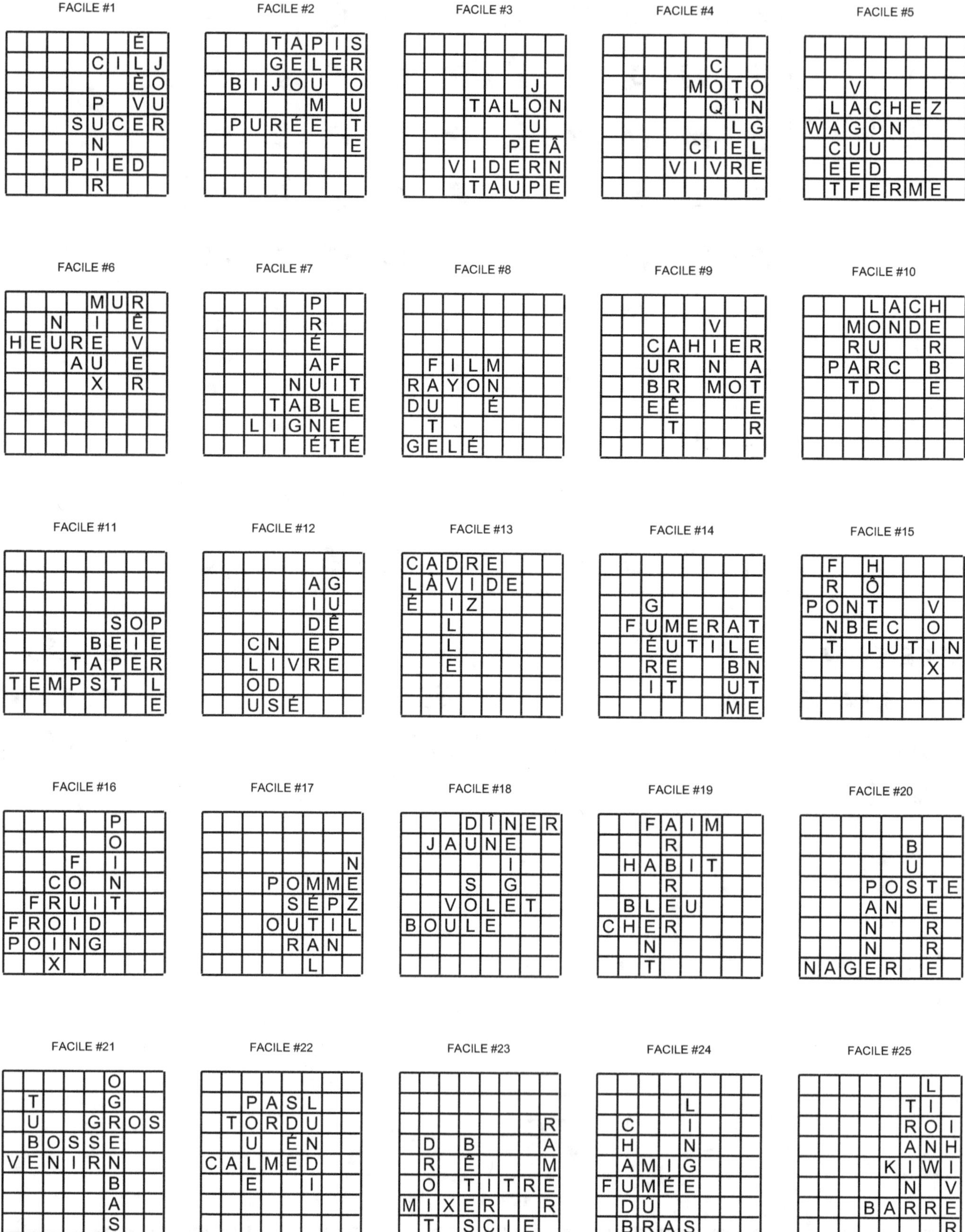

116

FACILE #26

FACILE #27

FACILE #28

FACILE #29

FACILE #30

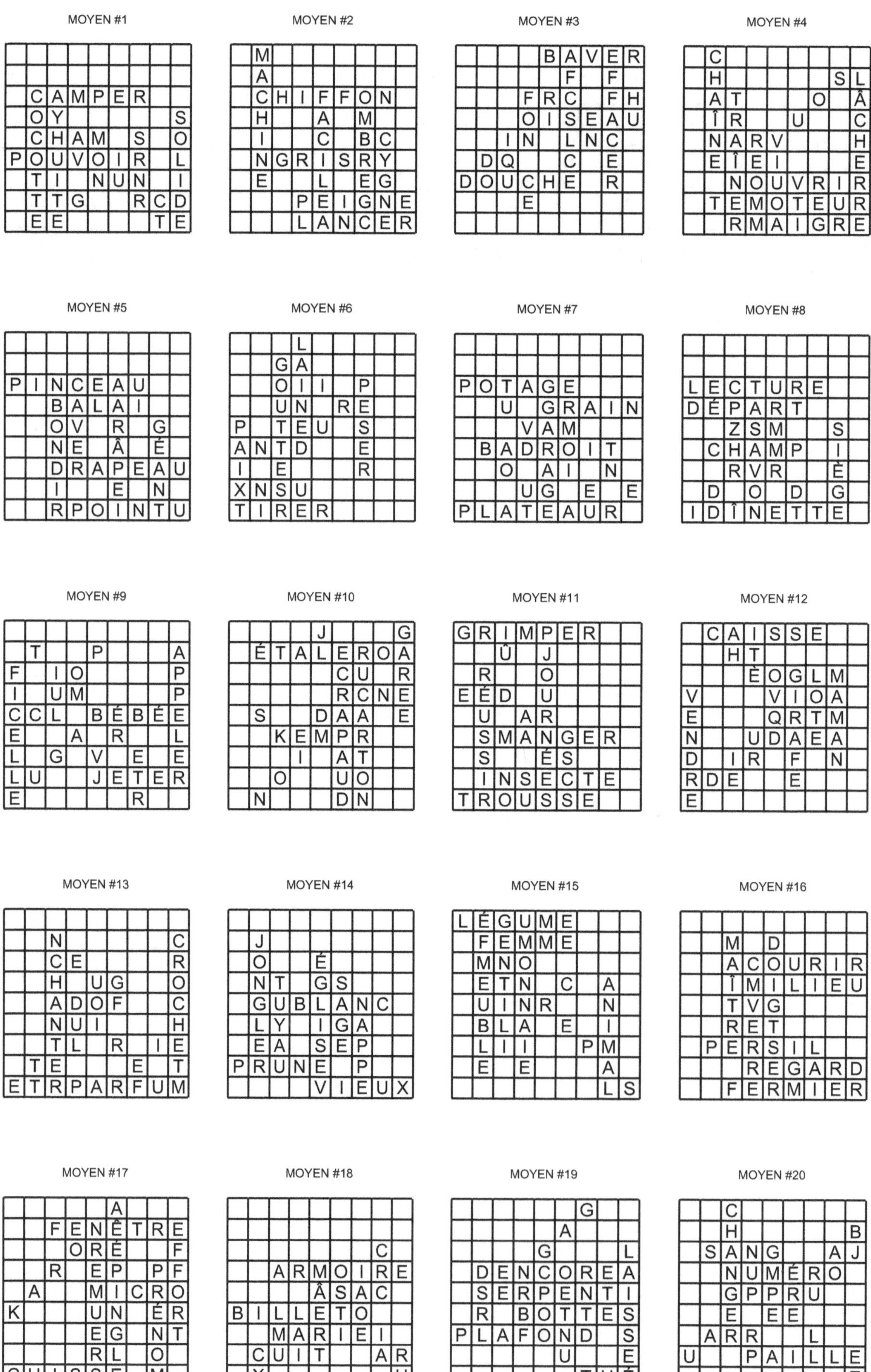

MOYEN #1
MOYEN #2
MOYEN #3
MOYEN #4
MOYEN #5
MOYEN #6
MOYEN #7
MOYEN #8
MOYEN #9
MOYEN #10
MOYEN #11
MOYEN #12
MOYEN #13
MOYEN #14
MOYEN #15
MOYEN #16
MOYEN #17
MOYEN #18
MOYEN #19
MOYEN #20

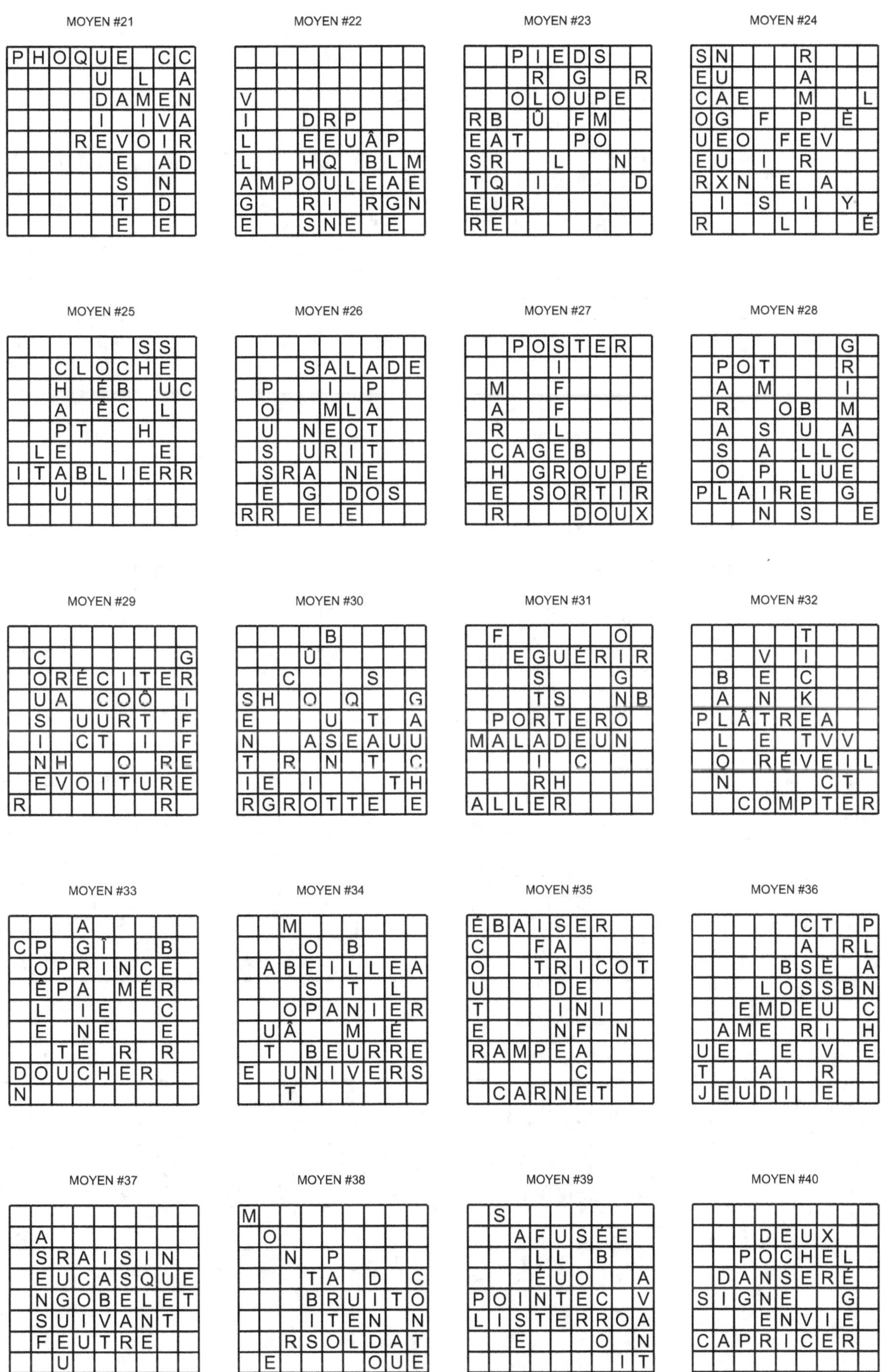

MOYEN #21
MOYEN #22
MOYEN #23
MOYEN #24
MOYEN #25
MOYEN #26
MOYEN #27
MOYEN #28
MOYEN #29
MOYEN #30
MOYEN #31
MOYEN #32
MOYEN #33
MOYEN #34
MOYEN #35
MOYEN #36
MOYEN #37
MOYEN #38
MOYEN #39
MOYEN #40

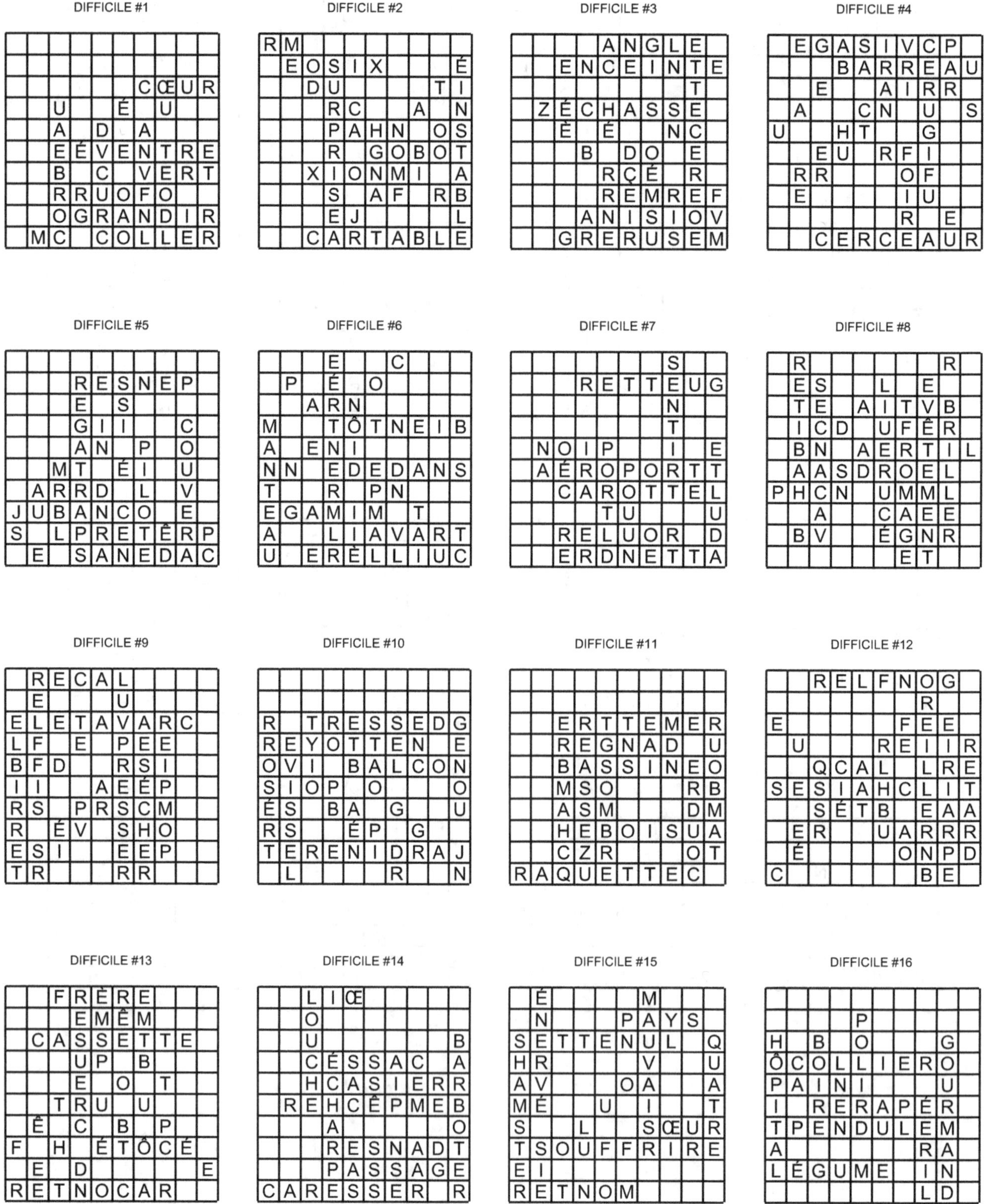

DIFFICILE #1
DIFFICILE #2
DIFFICILE #3
DIFFICILE #4
DIFFICILE #5
DIFFICILE #6
DIFFICILE #7
DIFFICILE #8
DIFFICILE #9
DIFFICILE #10
DIFFICILE #11
DIFFICILE #12
DIFFICILE #13
DIFFICILE #14
DIFFICILE #15
DIFFICILE #16

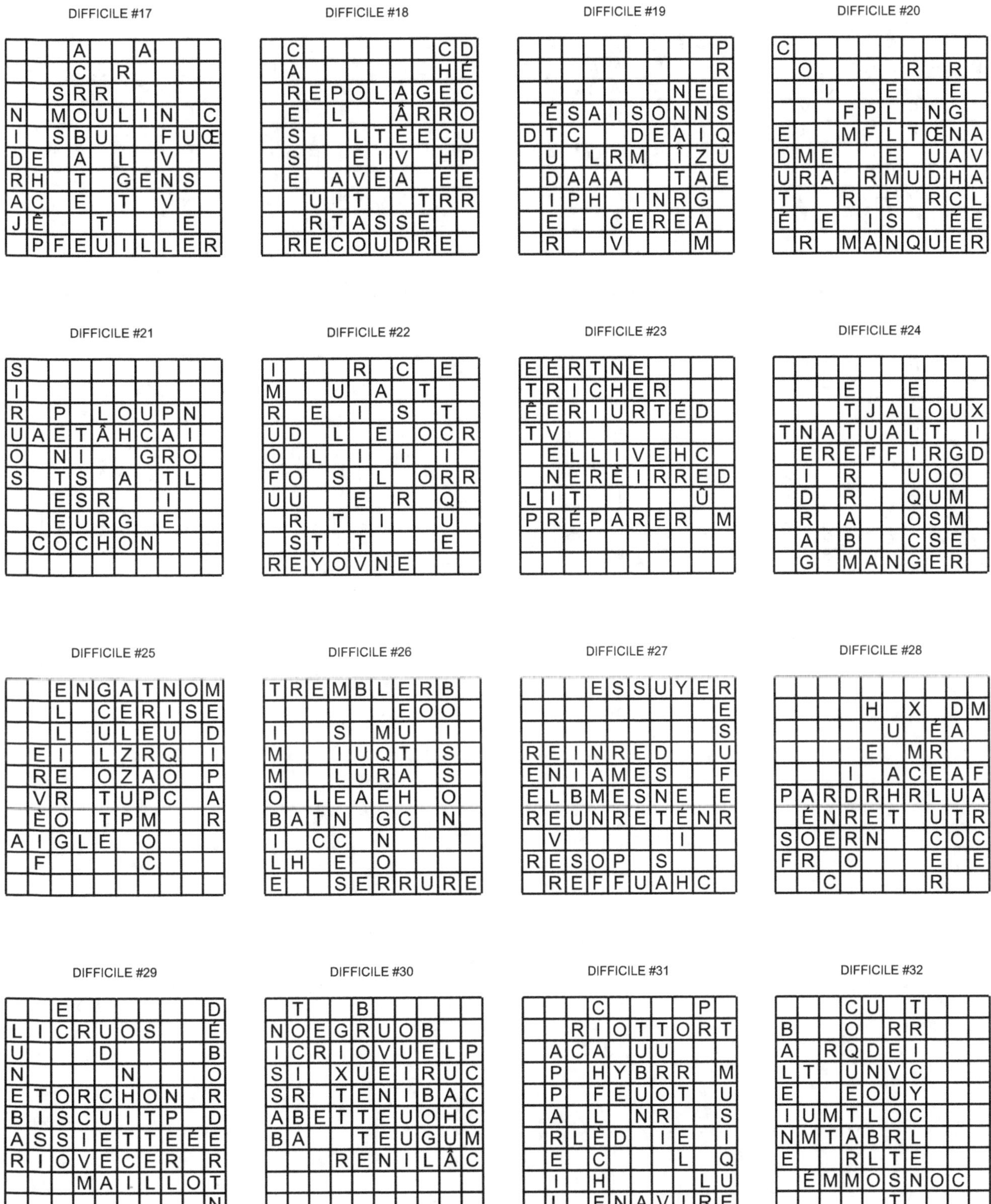

DIFFICILE #17
DIFFICILE #18
DIFFICILE #19
DIFFICILE #20
DIFFICILE #21
DIFFICILE #22
DIFFICILE #23
DIFFICILE #24
DIFFICILE #25
DIFFICILE #26
DIFFICILE #27
DIFFICILE #28
DIFFICILE #29
DIFFICILE #30
DIFFICILE #31
DIFFICILE #32

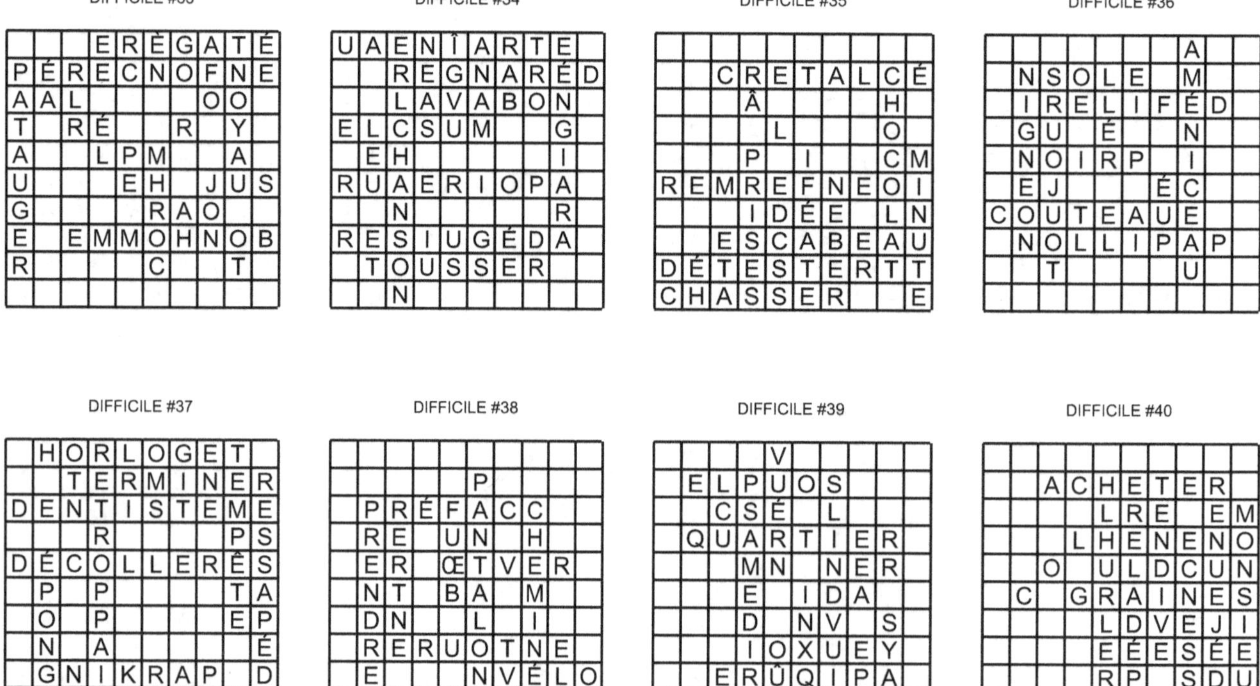

DIFFICILE #33
DIFFICILE #34
DIFFICILE #35
DIFFICILE #36
DIFFICILE #37
DIFFICILE #38
DIFFICILE #39
DIFFICILE #40